WAS ICH DIR WÜNSCHE ZUR FIRMUNG

Pattloch

DENN ER BEFIEHLT
SEINEN ENGELN,
DICH ZU BEHÜTEN AUF
ALL DEINEN WEGEN.

PSALM 91,11

VON GUTEN
MÄCHTEN
WUNDERBAR GEBORGEN,
ERWARTEN WIR GETROST,
WAS KOMMEN MAG.
GOTT IST BEI UNS
AM ABEND UND
AM MORGEN
UND GANZ GEWISS AN JEDEM
NEUEN TAG.

DIETRICH BONHOEFFER

DIE KRAFT DER GEDANKEN
IST UNSICHTBAR
WIE DER SAMEN, AUS DEM EIN
RIESIGER BAUM ERWÄCHST;
SIE IST ABER DER URSPRUNG
FÜR DIE SICHTBAREN
VERÄNDERUNGEN
IM LEBEN DES MENSCHEN.

LEO N. TOLSTOI

HABE
VERTRAUEN
ZUM LEBEN
- UND ES TRÄGT DICH
LICHTWÄRTS.
VERTRAUE AUF
DEIN GLÜCK
- UND DU ZIEHST ES
HERBEI.

SENECA

DEM MENSCHEN EINEN GLAUBEN SCHENKEN HEIßT, SEINE KRAFT VERZEHNFACHEN.

GUSTAVE LE BON

DU BIST
VERTRAUT
MIT ALL
MEINEN WEGEN.

PSALM 139,3

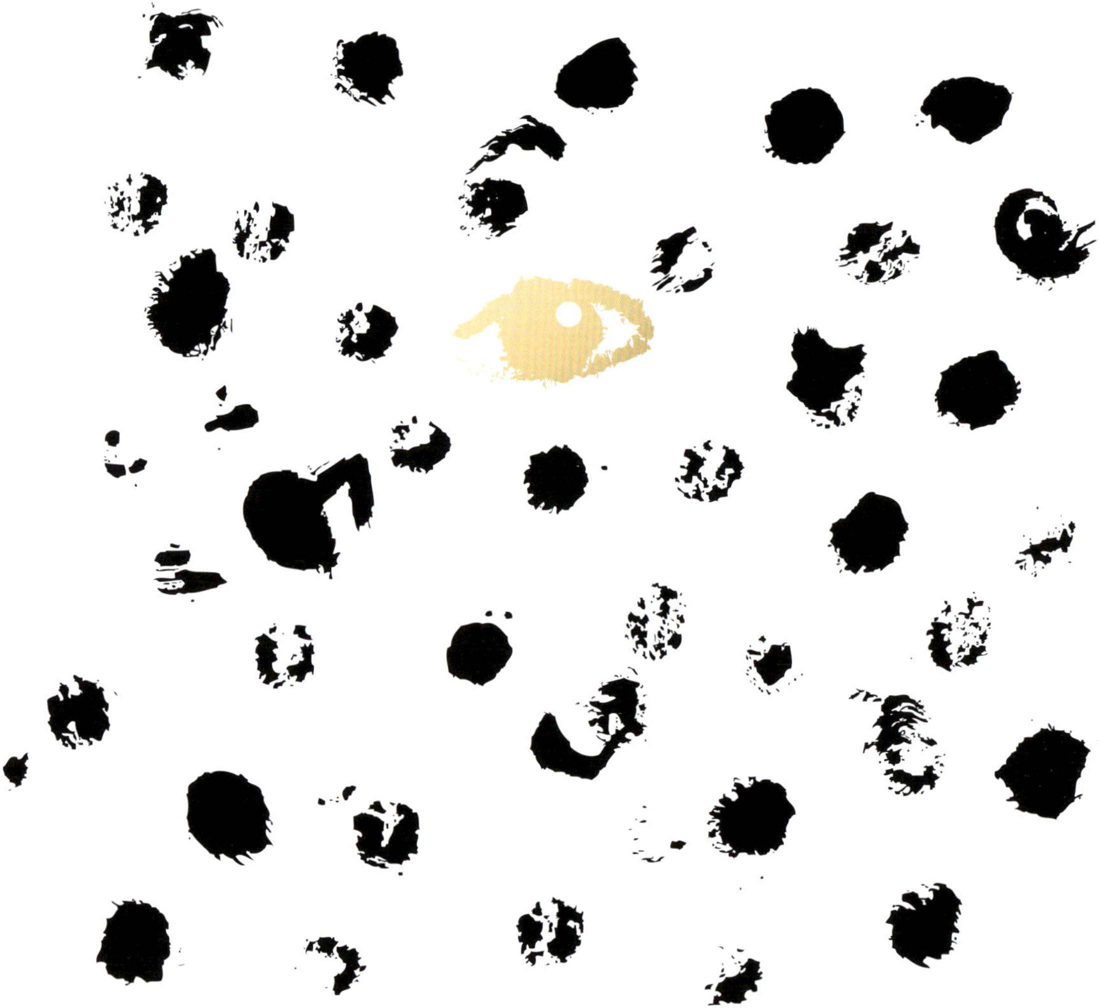

DIE
BOTSCHAFT
DES HEILANDES
AN DIE MENSCHEN
LAUTETE EINFACH:
SEI DU SELBST!
DIES IST DAS
GEHEIMNIS CHRISTI.

OSCAR WILDE

UND SIEHE,
ICH BIN MIT EUCH
ALLE TAGE BIS
ZUM ENDE DER WELT.

MATTHÄUS 28,20

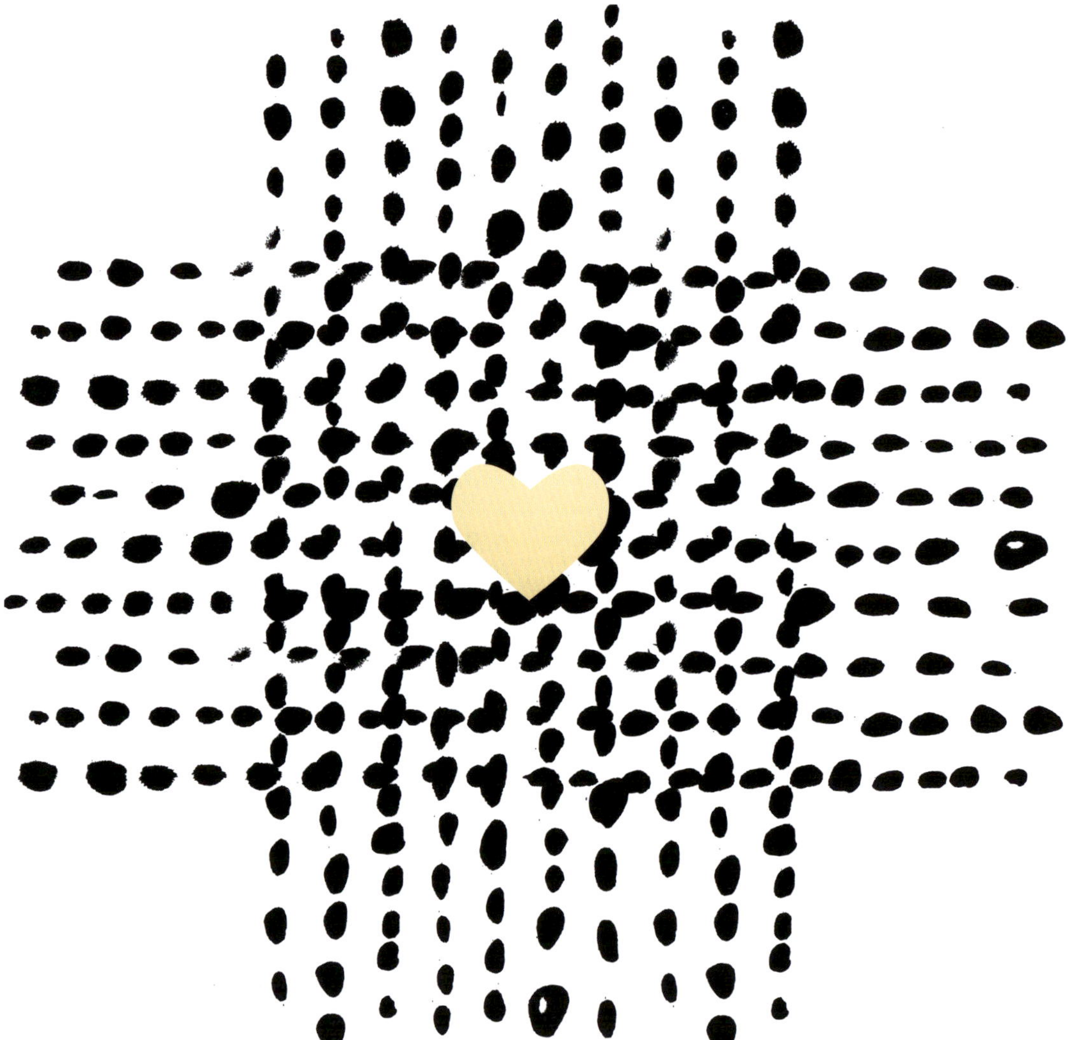

WIR
KÖNNEN
GOTT
MIT DEM
VERSTANDE
SUCHEN,
ABER FINDEN
KÖNNEN WIR IHN NUR
MIT DEM
HERZEN.

JOSZEF EÖTVÖS

ABER ALLE,
DIE AUF DEN HERRN
VERTRAUEN,
BEKOMMEN IMMER WIEDER
NEUE KRAFT,
ES WACHSEN IHNEN FLÜGEL
WIE DEM **ADLER**.

JESAJA 40,31

JEDER MENSCH
IST **ETWAS NEUES**,
ETWAS, WAS IMMER NUR EINMAL
AUF DER **WEITEN WELT** DA IST,
UND AUS JEDEM MENSCHEN KANN
ETWAS GANZ **BESONDERES**,
GANZ ÜBERRASCHENDES,
GANZ **EIGENES** WERDEN.

CHRISTIAN MORGENSTERN

GLAUBE ABER IST:
GRUNDLAGE DESSEN,
WAS MAN ERHOFFT,
EIN ZUTAGETRETEN VON TATSACHEN,
DIE MAN NICHT SIEHT.

HEBRÄER 11,1

WIR KÖNNTEN
NIEMALS LERNEN,
TAPFER UND
GEDULDIG
ZU SEIN, WENN ES NUR
FREUDE
IN DER WELT
GEBEN WÜRDE.

HELEN KELLER

GLAUBE
AN DICH,
FOLGE DEINEM
HERZEN,
SEI MUTIG,
VERTRAUE
AUF DEINE STÄRKEN,
GENIEßE
DIE KLEINEN
DINGE
UND HÖRE
NIEMALS AUF ZU
TRÄUMEN.

UNBEKANNT

DIES ÜBER ALLES:
SEI DIR SELBER TREU.
UND DARAUS FOLGT,
SO WIE DIE NACHT DEM TAGE, DU KANNST NICHT FALSCH SEIN GEGEN IRGENDWEN.

WILLIAM SHAKESPEARE

DIE MEISTEN MENSCHEN
HABEN EINEN MOMENT IM LEBEN,
WO SIE GROẞE DINGE TUN KÖNNEN,
IN DENEN IHNEN NICHTS
UNMÖGLICH ERSCHEINT.

HENRI STENDHAL

DIE MACHT
DES **GEBETES**
LIEGT IN DER RUHE,
DIE NACH IHM AUF
UNSER
INNERES
SICH BREITET.

KARL GUTZKOW

DER GLAUBE
BRINGT DEN MENSCHEN ZU GOTT,
DIE LIEBE
BRINGT IHN ZU DEN MENSCHEN.

MARTIN LUTHER

DER HERR SEI VOR DIR,
UM DIR DEN RECHTEN WEG ZU ZEIGEN.
DER HERR SEI NEBEN DIR,
UM DICH IN DIE ARME ZU SCHLIEßEN
UND DICH ZU SCHÜTZEN.
DER HERR SEI HINTER DIR,
UM DICH ZU BEWAHREN
VOR DER HEIMTÜCKE BÖSER MENSCHEN.
DER HERR SEI UNTER DIR,
UM DICH AUFZUFANGEN,
WENN DU FÄLLST,
UND DICH AUS DER SCHLINGE ZU ZIEHEN.

DER HERR SEI IN DIR,
UM DICH ZU TRÖSTEN,
WENN DU TRAURIG BIST.
DER HERR SEI UM DICH HERUM,
UM DICH ZU VERTEIDIGEN,
WENN ANDERE ÜBER DICH HERFALLEN.
DER HERR SEI ÜBER DIR,
UM DICH ZU SEGNEN.

AUS IRLAND

Bildnachweis:
Cover: Nicole Pfeiffer, Hamburg; Lera Efremova/Shutterstock.com **Innenteil:** DigitalVision Vectors/Getty Images: S. 6, 7 marabird/, S. 14, 15, 21, 28, 29 Ajwad Creative/, S. 26 Vectorios2016/; S. 5, 7, 8, 11, 12, 14, 15, 17, 18, 20, 21, 22, 25, 26, 29, 30, 33, 34, 37, 38, 40, 42, 43 Katsumi Murouchi/Moment/Getty Images; Shutterstock.com: S. 8, 11, 18, 22, 30, 34, 36, 37, 40 Lera Efremova, S. 12, 17, 25, 33, 39 nubenamo; S. 11, 18, 21 Nicole Pfeiffer, Hamburg

Ein Imprint der Verlagsgruppe Droemer Knaur GmbH & Co. KG, München
Gesamtgestaltung: Nicole Pfeiffer, Hamburg
Projektleitung: Annett Katrin Graf
Gesamtherstellung: Grafisches Centrum Cuno GmbH & Co. KG, Calbe
ISBN 978-3-629-00432-1
www.pattloch.de
2 4 5 3 1

MIX
Papier aus verantwortungsvollen Quellen
FSC® C043106